Canario

Serie "Datos divertidos sobre las aves para niños "

Escrito por Michelle Hawkins

Canario

Serie "Datos divertidos sobre las aves para los niños

"Por: Michelle Hawkins

Versión 1.1 n.o enero de 2021

Publicado por Michelle Hawkins en KDP

Toda la información de este libro ha sido cuidadosamente investigada y comprobada para la exactitud de los hechos. Sin embargo, el autor y el editor no garantizan, expresa o implícitamente, que la información contenida en este documento sea apropiada para cada individuo, situación o propósito y no asume ninguna responsabilidad por errores u omisiones.

El lector asume el riesgo y la plena responsabilidad de todas las acciones. El autor no será responsable de ninguna pérdida o daño, ya sea consecuente, incidental, especial o de otro tipo, que pueda resultar de la información presentada en este libro.

Todas las imágenes son gratuitas para su uso o compradas en sitios de fotos de stock o libres de regalías para uso comercial. He confiado en mis propias observaciones, así como en muchas fuentes diferentes para este libro, y he hecho todo lo posible para comprobar los hechos y dar crédito donde se debe. En caso de que cualquier material se utilice sin el permiso adecuado, por favor póngase en contacto conmigo para que la supervisión pueda ser corregida.

Los canarios son conocidos por sus habilidades de canto.

Todos los canarios originarios de Serinus Canaria.

Los canarios disfrutan de una variedad de semillas, no sólo un tipo.

Alemania es de donde vino el ave canaria.

Los canarios usan sus billetes para abrir semillas.

Las plantas de araña son una buena planta para que el ave canaria mastique.

Hay más de cien tipos diferentes de Canarias en el mundo.

Los huevos de Canarias incubarán de diez a doce días antes de eclosionar.

Las aves canarias fueron nombradas en honor a las Islas Canarias.

Una jaula canaria nunca debe ser puesta a la luz directa del sol sin sombra disponible.

Los machos canarios cantando mejor que las canarias hembras.

Los bebés canarios nacen sin plumas y son ciegos.

Los bebés canarios nacen indefensos, dependiendo de sus padres para todo.

Los canarios son aves muy desordenadas cuando vuelan en su jaula.

Al colocar agua para bañarse, Canarias disfruta de agua fría; agua tibia quitará los aceites esenciales de sus plumas.

Canarias necesitan múltiples lugares para posarse dentro de una jaula.

El peso medio de un canario es de .7 onzas.

Los canarios pueden oír sonidos que van desde 1100 hasta 10.000 Hz.

La única diferencia entre Canarios masculinos y femeninos es que el macho canta y la hembra pone huevos.

Canarias se utilizaron en las minas para que los trabajadores supieran si los humos eran demasiado grandes para continuar.

Nido de Canarias Silvestres para bebés repelerá el agua.

Canarias disfrutan comiendo verduras frescas junto con semillas.

A veces, cuando el canario masculino deja de cantar, la muda está ocurriendo.

Cuando el canario masculino deje de fundar, el canto se reanudará.

Los canarios están relacionados con las aletas de oro, los redpolls y los mariscos.

Nunca ponga un ambientador enchufable en la casa porque son peligrosos para TODAS las aves.

Los tres tipos diferentes de Canarias son colorear, cantar y características físicas.

Es más fácil domar a un canario joven frente a un canario mayor.

Los huevos canarios son de color blanco azulado o azul pálido.

Los canarios disfrutan comiendo huevos duros y pimientos jalapeños.

A los canarios les encanta volar
en una jaula grande para que
puedan hacer su ejercicio en.

Las Canarias salvajes migrarán
hacia el Sur durante el invierno.

Canarias y Loros pueden imitar el habla humana.

Los canarios masculinos pueden imitar timbres y timbres telefónicos.

Canarios masculinos cantando para encontrar pareja.

Los canarios son conocidos por ser aves muy tímidas.

Canarias necesitan una jaula grande para poder volar y hacer ejercicio.

Canarias salvajes construirán su nido en la bifurcación de un árbol.

Los colores canarios son marrón, verde, gris, naranja, rojo y blanco.

Los canarios nunca deben mantenerse en la cocina debido a los humos de la cocina.

Un canario fue lo que inspiró a Tweety en el show de Looney Tunes.

Los canarios son geniales como mascotas si te gusta ver y no tocar a tu mascota.

Canarias pueden vivir hasta quince años.

La jaula canaria debe estar cubierta por la noche para que puedan dormir.

Los canarios pueden variar en tamaño de cuatro pulgadas a ocho pulgadas.

La temperatura de un canario en el interior debe estar entre 60o y 70o.

A los canarios les encanta tomar baños.

Canarias que son sólo para cantar no les gusta la gente, pero prefieren otro canario para estar juntos.

Los canarios no son adecuados para tener como mascotas si quieres frotarlas porque podrían morir de carga si intentas.

Cambia tus juguetes de Canarias para que siempre tengan algo nuevo que mirar y jugar.

Los canarios no quieren jaulas redondas, sino jaulas rectangulares más bien largas para que puedan volar en ellas.

Canarios masculinos cantando para atraer a una mujer canaria.

El canario que es sólo para cantar es el Roller Canary, Waterslager Canary, y el español Timbrado Canaria.

Los canarios no son sociales, por lo que solo necesitas un canario.

Para que tu canario cante, ten una grabación de otros canarios cantando.

El pico canario tiene forma de cono y es corto.

Una jaula para un canario debe tener al menos dieciséis pulgadas de largo.

Canarias son un buen pájaro para tener por primera vez propietario de aves.

Los canarios se consideran aves que se posan.

Encuéntrame en Amazon en:

https://amzn.to/3oqoXoG

y en Facebooks en:

https://bit.ly/3ovFJ5V

Otros libros de Michelle Hawkins

Serie

Datos divertidos sobre los pájaros para los niños.

Dato curioso sobre frutas y verduras

Datos divertidos sobre animales pequeños

Made in the USA
Monee, IL
07 September 2021